Christa Spilling-Nöker

Das Leben blüht für dich

Geschichten vom Zauber der Blumen

Mit Aquarellen von
Ursula Mörch

INHALT

BLUMEN

bringen Duft und Farbe ins Leben. Mit Goethe gesagt sind sie „die schönen Worte und Hieroglyphen der Natur, mit denen sie uns andeutet, wie lieb sie uns hat“. Wer einen Garten hat, weiß um die Freude am Säen, Pflanzen, Pflegen und Aufblühen; über jede aus der Knospe sich entfaltende Blüte lacht sein Herz. Blumen begleiten uns durch das Leben. Wir denken da vielleicht insbesondere an die Gebinde zur Taufe und zur Hochzeit, aber auch ein schöner Strauß, der uns zum Geburtstag, am Krankenbett oder einfach aus Freundschaft und Liebe geschenkt wird, erfüllt uns mit Glück. Nicht zuletzt tragen wir Blumen auf die Friedhöfe, um das Andenken an die Verstorbenen zu ehren. Auch wenn Blumen nicht sprechen können, so haben sie uns doch viel zu sagen: Blumen können trösten und ermutigen oder einfach nur Freude schenken und das Herz beleben.

Mögen die Geschichten und Gedichte in diesem Buch Ihre Freude an dem Zauber der Blumenwelt aufleuchten lassen und auch in Ihrer Seele etwas zum Aufblühen bringen.

Christa Spilling-Nöker

TULPEN

Majestätisch strecken sich
die Tulpen zum Himmel empor
und zeigen dir in ihrer Farbenpracht,
wie herrlich die Entfaltung
von gesammelter Lebenskraft
sein kann.
Trotz allen Stolzes
bleiben ihre Blütenblätter
nach innen gekehrt:
Das Geheimnis der eigenen Tiefe
ist fremden Blicken verborgen.

HUNDERT TULPENZWIEBELN

Hanna und Emily hatten sich in diesem Jahr eine besondere Überraschung für ihre Eltern ausgedacht. Bei einem Discounter hatten sie Ende September eine Tüte mit hundert Tulpenzwiebeln entdeckt, zu einem so günstigen Preis, dass sie sich die von ihrem Taschengeld leisten konnten. Ihre Eltern liebten Tulpen über alles. Den kostbaren Schatz verbargen sie sorgsam in Hannas Turnbeutel. Die Familie hatte erst im Sommer das neue Haus bezogen, das über einen großen Garten verfügte. Doch zur Bepflanzung waren die Eltern nach allerlei Umbauarbeiten noch nicht gekommen. Beide Mädchen hatten aber schon einige Beete erhalten, die sie nach eigenen Wünschen gestalten durften. Abends im Bett überlegten sie, wie sie die Blumenzwiebeln verteilen wollten.

Im vergangenen Jahr hatte ihre Freundin Anna sie und einige andere Klassenkameradinnen zu einem Tulpenfest eingeladen. Im Garten hatte zwischen den Tulpenbeeten mit der blühenden Pracht ein festlich gedeckter Tisch gestanden, der von einer großen Platte mit Küchlein in Tulpenform gekrönt gewesen war. Während die Kinder Kakao und Kuchen genossen, hatte Annas Mutter ihnen von der Geschichte der Tulpe erzählt: „Wusstet ihr eigentlich, dass sie aus Vorderasien und Persien in die Türkei gelangt war und dort die prachtvollen Gärten der Sultane schmückte?“ „Das hätte ich nicht gedacht“, hatte Hanna dazwischengerufen, „ich war immer der Meinung, dass die Tulpen aus Holland stammen." „Die Turbane der Sultane heißen in türkischer Sprache tülbent", war Annas Mutter fortgefahren. „Und weil sie ihnen in der Form ähnlich ist, hatte man ihr, als sie im 16. Jahrhundert nach Europa gekommen war, den Namen Tulipan gegeben, aus dem schließlich die Bezeichnung Tulpe entstanden ist." Die Mädchen hatten gespannt zugehört. „Die Tulpenzwiebeln galten zur damaligen Zeit", so Annas Mutter weiter, „als so kostbar, dass damit ein reger Handel betrieben worden war. Viele Menschen haben Haus und Hof für eine einzige Tulpenzwiebel hergegeben." „Ehrlich?", „Das wäre mir so eine Zwiebel nicht wert", „Na ja, wenn das damals so üblich war, aber komisch ist es schon", hatten die Kinder durcheinandergeredet. Am Ende des Festes hatte sich jedes Mädchen eine Tulpe pflücken und mit nach Hause nehmen dürfen.

So wollten Emily und Hanna es in diesem Frühjahr auch bei sich zu Hause machen. Sie hatten Annas Mutter schon gefragt, ob sie dort die Küchlein in den kleinen Tulpenformen backen könnten. „Das wird eine tolle Überraschung", tuschelten sie einander zu, bevor sie endlich zur Ruhe kamen und einschliefen.

Bereits am Nachmittag des nächsten Tages verließen die Eltern das Haus, um in der Stadt etwas zu erledigen. „Wir sind in zwei Stunden wieder da", riefen sie, und schon fiel die Tür ins Schloss. Rasch huschten die beiden Mädchen in den Garten, bohrten mit dem Pflanzstab Löcher, legten die Zwiebeln hinein und bedeckten sie mit Erde. Damit die Eltern nichts merkten, streuten sie etwas von dem Laub darauf, das der Vater zuvor mühsam im Garten zusammengeharkt hatte. Sicher ist sicher, dachten sie und schlichen sich wieder ins Haus. Nur kurze Zeit, nachdem sie ihr kleines Abenteuer beendet hatten, fanden die Eltern ihre Mädchen mit hochroten Köpfen über ihre Hausaufgaben gebeugt.

„So fleißig heute?“, fragte der Vater erstaunt, der seine Töchter sonst oft an die Schularbeiten erinnern musste, weil sie lieber draußen mit ihren Inline Skates unterwegs waren. Aber die beiden ließen sich nichts anmerken.

Die Zeit verging. Es kamen die Adventswochen mit ihrem eigenen Zauber, die Weihnachtstage schimmerten im Licht von Kerzenglanz, Silvester böllerte durch die Luft, Schnee fiel. Hoffentlich überstehen unsere Zwiebeln den Winter, dachten die Kinder. Wenn sie sich unbeobachtet wähnten, schlichen sie in den Garten und sahen nach, ob sich im Boden schon etwas regte. Aber vergeblich. Als Anna ihnen Mitte Januar erzählte, dass bei ihnen die Tulpen austrieben, waren beide ganz verstört. Auch im Februar tat sich nichts. „Vielleicht waren die Tulpenzwiebeln so preiswert, weil sie schon keine Blühkraft mehr hatten“, stöhnte Emily. Als im März immer noch keine grünen Spitzen zu sehen waren, vertrauten sich die beiden zögernd ihren Eltern an. „Es sollte eine so schöne Überraschung für euch werden.“ Nun flossen doch die Tränen. Die Eltern nahmen ihre Töchter in die Arme und drückten sie fest an sich. „Was war das für eine wundervolle

Idee von euch." Der Vater war richtig gerührt. „Aber ein Tulpenfest können wir ja trotzdem machen", tröstete die Mutter. „Ich besorge ein paar Sträuße auf dem Markt und dekoriere sie in Kannen, Töpfen und Vasen. Und dann überlegen wir uns, wie wir den Nachmittag mit euren Freundinnen gestalten wollen." Die Kinder gaben sich nur schweren Herzens damit zufrieden, die Enttäuschung über ihre missglückte Überraschung saß einfach zu tief.

Kaum war das kleine Frühlingsfest vorüber, da zeigten sich grüne Spitzen in den Beeten der Mädchen. Kommen jetzt doch noch Tulpen?, staunten sie. Aber sie irrten sich. Offenbar hatte der Discounter die Blumenzwiebeln falsch deklariert, denn ein paar Wochen später erfreute sich die Familie an hundert prächtig blühenden Lilien.

LÖWENZAHN

Ich wünsche dir
die Kraft des Löwenzahns,
dass du dich
durch alle Widrigkeiten
im Leben
in deinen Wünschen
und Zielen
nicht aufhalten lässt,
sondern sie
mithilfe deiner Energie
und Leichtigkeit
meisterst.

DIE LÖWENZAHNWIESE

Auf einer großen Wiese blühte Löwenzahn. Die Kinder, die hier gerne herumtollten, schrien: „Seht doch nur diese Hundeblumen!“, und trampelten absichtlich darauf herum. Nur einem kleinen Kind tat der Löwenzahn leid, denn es fand die gelben Blüten wunderschön und pflückte seiner Mutter einen großen Strauß davon. Die Mutter freute sich sehr darüber und stellte die Blumen in eine Vase.

Einige Wochen später kam das Kind wieder zu der Wiese. Da wurde es sehr traurig, weil der Löwenzahn nun ganz graue Köpfe hatte. Wahrscheinlich ist er vor lauter Ärger und Kummer grau geworden, weil die anderen Kinder ihn immer beschimpft haben. Der Löwenzahn tat ihm so leid, dass ihm einige Tränchen über das Gesicht kullerten. Obwohl die Blüten ihre goldene Schönheit verloren hatten, wollte es seiner Mutter wieder einen Strauß pflücken, aber es sah, wie der Wind die zarten haarigen Flugschirme über Wiese und Feld hinwegblies. Was der Wind kann, vermag ich auch, dachte das Kind, nun wieder fröhlich geworden, und begann, aus Leibeskräften zu pusten. Das machte ihm so viel Vergnügen, dass es immer mehr Stängel von dem Löwenzahn abriss. Es pustete und pustete und sah den grausilbernen Flugschirmen hinterher, wie sie im Wind leicht davonschwebten. Und was soll ich sagen? Im kommenden Jahr war die ganze Wiese übersät von leuchtenden gelben Blüten.

STILLE VERWANDLUNG

Das Glück,
das dich laut
jubeln ließ,
träumt leise
vor sich hin.
In der Stille
verwandelt es sich,
bis es zu einer Fülle
aufblüht,
die kein Ende
mehr nimmt.

VERGISSMEINNICHT

„Vergiss mein nicht“,
flüstern dir die blauen
Frühlingsblüher
zärtlich zu –
„weder meine Liebe
noch meine Treue.
Vergiss mein nicht
und bewahre die Freundschaft,
die uns schon
seit so vielen Jahren
miteinander verbindet,
tief in deinem Herzen,
damit sie in aller Stille
weiterwächst und
auch in Zukunft
gedeiht.“

DAS POESIEALBUM

Es war einer der ersten Apriltage, der seinem Namen alle Ehre machte. Mal regnete und stürmte es, dann wieder schien für einige Augenblicke die Sonne. Bei dem Wetter kann ich sowieso nicht vor die Tür gehen, dachte Lilo K. Ich werde nicht jünger und muss mich mit dem Gedanken tragen, irgendwann in eine kleinere Wohnung umzuziehen. Da werde ich mich von vielen meiner geliebten Bücher trennen müssen. Sorgsam nahm sie eins nach dem anderen in die Hand, als ihr plötzlich das Poesiealbum aus ihrer Jugendzeit in die Hände fiel. Dafür will ich mir jetzt doch etwas Zeit nehmen, dachte sie. In der Küche kochte sie sich einen Tee, dann setzte sie sich aufs Sofa und begann in dem alten Album zu blättern.

„Marmor, Stein und Eisen bricht, aber unsere Freundschaft nicht, das schreibt Dir Deine Freundin Gisela." Sie schlug um: „Lerne erst die Menschen kennen, denn sie sind veränderlich, die dich heute Freunde nennen, reden morgen über dich. Ich aber bleibe auf ewig deine Freundin Jutta." Sie musste schmunzeln. Im Stillen sah sie sich wieder zusammen mit ihren Freundinnen auf dem Schulhof stehen, wie sie miteinander gelacht oder noch schnell die Hausaufgaben für die nächste Stunde voneinander abgeschrieben hatten.

Und dann die nächste Seite: „Rosen, Tulpen, Nelken, alle Blumen welken, nur die eine nicht und die heißt: Vergissmeinnicht. In ewiger Liebe, Dein Joachim." Daneben klebte ein mittlerweile ziemlich verblasstes, vor Jahrzehnten gepresstes Vergissmeinnicht. Sie nahm einen Schluck Tee. Joachim, ging es ihr durch den Kopf. Er war damals sehr in sie verliebt gewesen, hatte ihr kleine Briefchen zugesteckt, in denen er ihr Gedichte geschrieben hatte. Manchmal hatte er vor ihrem Haus gestanden und gehofft, dass sie herauskäme, aber sie hatte ihn vom Fenster aus hinter der Gardine beobachtet und sich ihren Hausaufgaben zugewandt. Nach ihrem Schulabschluss war sie in eine andere Stadt gezogen, um dort ihre Ausbildung zu beginnen. Danach hatte sie nie mehr etwas von ihm gehört. Was für eine treue Seele er damals war, durchfuhr es sie. Ob er noch lebt?

Im Internet fand sie unter seinem Namen einige Artikel, darunter tatsächlich auch seine Adresse und Telefonnummer. Ihr Herz klopfte wie wild. Sie schenkte sich ein Glas Wein ein, um sich etwas Mut anzutrinken, dann wählte sie seine Nummer. In dem Augenblick, als sie seinen Namen hörte, versagte ihr die Stimme und sie legte auf. Da sich gerade die Sonne zeigte, wagte sie nun doch einen kleinen Spaziergang. Wieder daheim, griff sie noch einmal zum Telefon. Nun brachte sie es fertig, klar und deutlich ihren Namen zu sagen. „Hier ist Lilo K. aus der 10b von der Bismarckschule in F., erinnerst du dich noch?" Jetzt lag die Sprachlosigkeit auf seiner Seite. Es brauchte eine Weile, bis sie hörte: „Du Lilo, bist du es wirklich? Die Lilo von unserer Schule? Wie kommst du denn jetzt dazu, mich anzurufen?" Sie erzählte ihm, dass sie beim Aufräumen ihrer Bücher auf das alte Poesiealbum gestoßen war und von dem verblichenen Vergissmeinnicht. Und dann kamen sie ins Erzählen, von damals und von ihren Lebenswegen. „Ich habe geheiratet und bin stolzer Vater von zwei Töchtern und Opa von fünf prächtigen Enkelkindern“, meinte er lachend, nachdem er sich gefasst hatte. „Natürlich habe ich hin und wieder an die Schulzeit und dabei natürlich auch an dich gedacht. Es hatte mir damals sehr wehgetan, dass du mich abgewiesen hattest.“ Dann berichtete sie von sich, von einer gescheiterten Ehe, einer Fehlgeburt, aber auch von viel Freude und Erfolg im Beruf. „Magst du mich einmal besuchen kommen?“, fragte er.

Einige Tage später machte sie sich auf den Weg. Nach drei Stunden hatte sie die Stadt erreicht, in der er lebte. Wie er wohl jetzt aussieht, ob ich ihn überhaupt erkenne? Sie war ganz aufgeregt, als sie aus dem Zug stieg. Es dauerte nicht lange, als sie auf dem Bahnsteig einen freundlichen älteren Herrn mit einem großen Strauß Vergissmeinnicht ausmachte, der mit dem schüchternen Jüngling von einst immer noch eine leichte Ähnlichkeit aufwies. Sie nahmen einander in die Arme, als hätten sie sich nur wenige Tage nicht gesehen. „Ich würde vorschlagen, wir gehen hier in einem hübschen Gartenrestaurant erst einmal etwas zusammen essen, da können wir ausführlich plaudern. Wenn du magst, kannst du dir später ja auch mein Zuhause ansehen und meine Frau kennenlernen.“ „Sehr gern“, antwortete Lilo lächelnd. Er bewohnte eine schmucke Villa. Seine Frau hatte schon den Kaffeetisch gedeckt, auf dem auch eine Vase mit Vergissmeinnicht prangte. „Joachim hat mir viel von Ihnen erzählt." Gemeinsam blätterten sie das Poesiealbum durch, das Lilo mitgebracht hatte. Da lebten zwischen Joachim und Lilo alte Schulzeiten schnell wieder auf. Am frühen Abend verabschiedete sie sich. „Lass uns in Verbindung bleiben", bat Joachim. „Ja, gern. Vielleicht habt ihr ja im Laufe des Jahres auch einmal Lust, mich zu besuchen."

Als Lilo wieder im Zug saß, war sie noch ganz erfüllt von dem Gespräch und den geweckten Erinnerungen. Sie nahm noch einmal das Poesiealbum hervor und versenkte sich in den Eintrag von damals. Als sie aufblickte, bemerkte sie, dass der Reisende gegenüber, ein stattlicher Herr ihres Alters, neugierig in ihr Album schaute und sie dann freundlich anlächelte. „Oh, entschuldigen Sie meine Neugier", sagte er zu ihr, „das ist unverzeihlich. Aber einer so reizenden Frau wie Ihnen würde ich auch gern ‚Vergiss-mein-nicht' schenken. Lieben Sie Blumen?"

ERINNERUNGEN

Von Erinnerungen
an heitere Zeiten
durchträumt,
atme ich Leichtigkeit,
poetischer Zauber
lässt mich lächeln,
weht mir Mut zu:
Auch das Morgen
lädt leise
zu Überraschendem
ein.

M. Mörch

MARGERITEN

Margeriten glänzen
in ihrem Weiß wie Perlen,
Sinnbild für Tränen
und Tod –
zugleich aber auch
für Geburt und Neubeginn.
Die Zeit der Trauer
geht nach und nach
vorüber:
Hoffnung wächst dir –
anfangs zwar zaghaft noch,
dann aber immer verlässlicher
wieder neu zu.

DAS BLUMENORAKEL

Marie und Sophie, zwei junge Mädchen von sechzehn Jahren, hatten gelegentlich Spaß daran, an warmen sonnigen Sonntagen durch die Felder zu spazieren und sich zwischen allerlei Geplauder und Gekicher immer mal wieder eine von den herrlichen weißen Blüten der Margeriten zu pflücken. Jedes Mal begann das Spiel aufs Neue: Sie zupften die einzelnen Blätter der Blüte ab und zählten dazu: „Er liebt mich, er liebt mich nicht“, und so fort. Beim dritten „er liebt mich nicht“ brach Marie in Tränen aus. „Was hast du denn, das ist doch nur ein Spaß.“ Doch Marie war nicht zu beruhigen. „Gibt es denn jemanden, in den du verliebt bist und jetzt nach diesem kleinen Orakel hast du Angst, er könne deine Gefühle nicht erwidern?“ Marie schluchzte auf und nickte. Sophie wurde ganz still. „Wer ist es denn, einer von unserer Schule?“ „Ja.“ „Aber doch nicht etwa Jan, dieser arrogante Schnösel aus der 12, der immer meint, alle mit seinem Motorrad beeindrucken zu müssen?“ Sie hatte ein paar Mal beobachtet, dass Marie versucht hatte, mit ihm ins Gespräch zu kommen. Aber stets hatte er sie auf fiese Art und Weise abblitzen lassen. „Doch“, gab Marie schluchzend zu. „Das hättest du mir früher sagen müssen, dann hätten wir dieses Orakelspiel besser gelassen. Abgesehen davon glaubst du doch nicht

allen Ernstes an diesen Quatsch?" „Eben doch." Marie weinte immer noch.

Schließlich gingen die beiden Mädchen nach Hause. Sie hatten noch Schularbeiten für den nächsten Tag zu machen, die sie wieder auf andere Gedanken brachten. Verliebtheit ist das eine, aber Mathematikaufgaben zwingen einen sehr schnell wieder in die Realität zurück. Am Sonntagabend hatte Marie sich wieder einigermaßen gefasst. Doch als sie auf dem gedeckten Abendbrottisch ihrer Eltern einen Strauß mit frisch geschnittenen Margeriten entdeckte, fiel ihr das Orakelspiel vom Vormittag wieder ein; sie stand ungestüm auf und verschwand mit den Worten „Ich habe keinen Hunger" in ihrem Zimmer.

Das Elend setzte sich fort, als es ausgerechnet Jan war, der ihr am Montagmorgen als Erster über den Weg lief und sie angrinste: „Na, Prinzessin, wie war dein Wochenende?" Sie spürte, wie sie rot wurde, und hastete in ihr Klassenzimmer.

Schon bald wusste jeder an der Schule, dass Jan mit Jasmin ging. Marie brach es das Herz. Jedes Mal, wenn sie die beiden zusammen sah, musste sie mit den Tränen kämpfen. Doch das Glück des jungen Paares währte nicht lange. Als Jan seine Freundin mit einer waghalsigen Motorradfahrt besonders beeindrucken wollte, kriegte er die Kurve nicht und raste gegen einen Baum. Die herbeigerufenen Rettungskräfte konnten nichts mehr für ihn tun.

Bei seiner Beerdigung stand Marie in der letzten Reihe. Die meisten Trauergäste hatten sich schon zurückgezogen, als sie ihm einen großen Strauß mit Margeriten auf den Sarg warf – und sich dabei schier die Augen ausweinte.

Jahre vergingen. Marie hatte ihr Abitur inzwischen mit Auszeichnung bestanden und studierte Medizin. Eines Tages lernte sie Philipp kennen. Sie hatten sich mehrfach in der Mensa getroffen und schließlich gemeinsam an einem Referat herumgetüftelt. „Wir könnten doch am Wochenende mal zusammen essen gehen, Marie, hättest du Lust dazu?“ Sie verabredeten sich für den kommenden Samstagabend. Doch als Philipp ihr zur Begrüßung einen kleinen Margeritenstrauß überreichte, erinnerte sie sich spontan wieder an Jan, stand auf und verließ das Lokal unter dem Vorwand, sie habe plötzlich heftige Kopfschmerzen bekommen.

Marc begegnete sie in einer Studentenbar. Es war, so schien ihr, Liebe auf den ersten Blick. Am Himmelfahrtstag unternahmen sie eine kleine Spritztour ins Grüne. „Sieh doch nur die herrlichen Margeriten“, rief er fröhlich zu, „kennst du das Blumenorakel, das Verliebte damit machen?“ Bei diesen Worten wurde ihr tatsächlich übel und sie bat Marc, sie rasch nach Hause zu fahren. Ein weiteres Treffen mit ihm kam für sie nicht in Frage.

Im Urlaub lernte sie Alexander kennen. Alles begann als kleiner Urlaubsflirt. Sie tanzten die Nächte durch, unternahmen Wanderungen und machten Ausflüge mit dem Mietwagen. Als der Tag ihres Abschieds gekommen war, überreichte ihr Alexander eine rote Rose. Überglücklich gab sie ihm einen Kuss. Aus dieser Urlaubsromanze entwickelte sich im Laufe der Zeit eine feste Beziehung. Jetzt habe ich doch den Richtigen gefunden, dachte Marie. Immer wieder einmal brachte er ihr, je nach Jahreszeit, Blumen mit: Tulpen oder Maiglöckchen im Frühling, Astern und Chrysanthemen im Herbst.

Zwei Jahre später bereiteten sie die Hochzeit vor. Das Brautbukett, das er für sie ausgesucht hatte, war ein zauberhaftes Gebinde aus rosafarbenen Rosen und blauen Anemonen. Nachdem sie einander vor dem Altar das Ja-Wort gegeben hatten, feierten sie mit vielen Gästen ein wundervolles Fest. Beim Tanz zur mitternächtlichen Stunde wurde ihr – nach altem Brauch – der Schleier geraubt, in viele Stücke zerrissen und an die weiblichen Gäste verteilt, um auch ihnen Glück zu bringen. Nachdem dieser Ritus vollzogen war, kam Alexander aus der Garderobe, die Hände hinter dem Rücken. Ich habe noch eine kleine Überraschung für dich, mein Schatz." Freudestrahlend drückte er Marie einen Blumenkranz aus Margeriten auf den dunklen Haarschopf. Sie wurde blass vor Schrecken. Jetzt konnte sie nicht mehr davonlaufen. Sophie sah Maries bestürztes Gesicht, eilte zu ihr und nahm sie in die Arme. „Vergiss endlich die Vergangenheit. Ab heute sind Margeriten kein Albtraum mehr, sondern die Krönung deiner Hochzeit." Marie nickte nur, dann tanzte sie in Alexanders Armen glücklich in den neuen Morgen hinein.

STRAHLENDE STERNE

An manchen Tagen
verbirgt sich das Glück,
als sei es für immer
begraben.
Aber das Wunder
schläft
auf Dauer nicht,
sein Licht
überrascht dich
mit einem Himmel
voller strahlender
Sterne.

DAS GLÜCK UMARMEN

Ich atme den Duft der Rose ein
und schenke ihr zugleich meinen Atem.
Wir verbinden uns im Geben und Nehmen,
im Wunder des Lebens.

Ich atme den Duft der Rose ein,
nehme ihn mehr und mehr in mich auf.
Er verwandelt mich – und damit zugleich
die Begegnungen, die mir geschenkt werden.

Indessen
duftet die Rose weiter.

DIE ROSE VON BAHNSTEIG 4

Da lag sie in ihrer vollendeten Schönheit: eine wundervolle rote Rose auf einer Bahnhofsbank an Gleis 4. Der Zug war gerade abgefahren, der Bahnsteig nahezu menschenleer. Es war eine Frau in den mittleren Jahren, die sie schließlich entdeckte. Was für eine herrliche Rose, sicher hat sie hier jemand vergessen. Sie nahm die Rose in die Hand, ging den Bahnsteig auf und ab, sah sich immer wieder um, aber weit und breit war niemand zu entdecken, dem die Rose gehören könnte. Immer wieder sog sie den wunderbaren Duft der Rose in sich ein. Was für eine einzigartig schöne Blume, dachte sie. Ich will sie meiner Mutter mitnehmen, sie wird darüber entzückt sein.

Und so geschah es. Am Abend brachte die Frau die Rose zu ihrer Mutter. „Was machst du mir damit für eine Freude“, lächelte die alte Frau und stellte die Rose behutsam in eine Vase. Doch als die Tochter gegangen war, besann sie sich und dachte: Meine Nachbarin ist krank, ich will rasch hinübergehen und ihr die Rose schenken. Ich weiß nicht, ob ihr schon einmal jemand Blumen gebracht hat. Und so geschah es. Die Nachbarin, deren Augenlicht schon seit Langem getrübt war, freute sich riesig, zumal der ganze Raum vom Duft der Rose erfüllt war. Sie betastete die samtigen Blütenblätter der Rose, doch dann überlegte sie: Mein Sohn ist schon seit Langem so traurig, weil er Kummer um seine Liebste hat. Ich werde ihm die Rose schenken, wenn er mir das Nachtessen bringt. Und so geschah es.

Der Sohn staunte nicht schlecht, als ihm seine Mutter die Rose übergab. „Für dich mein Schatz, damit ich dich wieder einmal lächeln sehe." Und der Sohn lächelte wirklich, als er die Rose in Händen hielt, denn er hatte sofort die Idee, seine Liebste damit zu überraschen. Und so geschah es. Die junge Frau war außer sich vor Freude, weil es die erste rote Rose war, die ihr der geliebte Mann überreichte, und schloss ihn zärtlich in die Arme.

So hat eine einzige Rose an nur einem Tag fünf Menschen glücklich gemacht.

FREUDE LACHT

Glück
wie vom Himmel
gefallen,
es tanzt
im Herzen
und verschenkt sich
von Hand
zu Hand.
Ein Leuchten
beseelt die Nacht,
und Freude lacht
zwischen Mensch
und Mensch.

PFINGSTROSEN

Ich wünsche deiner Seele
die prächtige Fülle
einer Pfingstrosenblüte.
Möge sich dein innerer Reichtum
gefällig entfalten,
damit du zu deiner eigenen
Schönheit aufblühen,
dir selbst mit Würde
und Achtung begegnen
und dich dem Leben
ganz hingeben kannst.

DER PREIS DER PFINGSTROSEN

Die Kirchenglocken schlugen gerade zwölfmal zur Mittagsstunde, als der Küster die Kirche betrat, um die roten Altartücher zu richten und neue Kerzen aufzustecken. Voller Schrecken stellte er fest, dass die großen Vasen auf dem Altar noch leer waren. Normalerweise kam die Blumenhändlerin des Dorfes immer am Samstagvormittag, um sie für den Sonntag zu richten. Und morgen war Pfingsten, da hatten nach alter Tradition Pfingstrosen den Altar zu schmücken. Ob sie krank geworden war? Rasch griff er zum Telefon. „Ich vermisse den Blumenschmuck für den Altar", meinte er in leicht vorwurfsvollem Ton. „Es tut mir leid, wir haben in diesem Jahr keine Pfingstrosen." „Was soll das heißen, keine Pfingstrosen?" „Nun, wie ich es gesagt habe. Auf dem Blumenmarkt in der Stadt waren keine zu bekommen. Ich hätte mich nachher noch bei Ihnen gemeldet. Vielleicht sind Ihnen rosafarbene Rosen und weiße Lilien mit frischem Grün für den Altar recht? Die kann ich vorbeibringen, wenn Sie wollen." „Aber morgen feiern wir das Pfingstfest." „Das weiß ich, aber ich kann mir die Päonien auch nicht aus dem ..." „Habe verstanden", erwiderte der Küster, „ich muss aber erst mit dem Pastor sprechen." Nach diesen Worten legte er auf.

Hastig lief er zum Haus des Pfarrers hinüber und klingelte Sturm. „Was gibt es denn so Wichtiges, dass Sie mich mitten aus der Vorbereitung für meine Predigt herausrufen?", gab sich der Pastor etwas ungehalten. „Die Blumenhändlerin", stotterte der Küster. „Ja, was ist mit ihr?", fiel ihm der Pastor ins Wort. „Sie, sie hat keine Pfingstrosen für den Altar", stotterte der Küster. „Wie, was soll das heißen, sie hat keine Pfingstrosen. Die hatten wir doch wie schon seit Jahren rechtzeitig bei ihr bestellt." „Es gibt eben in diesem Jahr keine, und deshalb hat sie uns angeboten, den Altar mit anderen Blumen zu schmücken." „Das geht auf gar keinen Fall." Der Pastor war sichtlich erzürnt. „Natürlich gibt es Pfingstrosen. Ich gehe doch jeden Tag an dem Garten von der Frau Maier vorbei, und dort blühen sie reich und üppig." „Ja, das habe ich auch schon gesehen", gab der Küster niedergeschlagen zu. „Vielleicht sollten Sie die Frau Maier heute Nachmittag aufsuchen und sie freundlich bitten, uns ein paar ihrer Pfingstrosen für den Gottesdienst abzuschneiden und zu schenken? Oder bieten Sie ihr meinetwegen auch ein paar Euro dafür an." „Das ist doch nicht Ihr Ernst, Herr Pastor, Sie wissen doch, wie sie ist. Die gibt freiwillig nichts her, auch nicht für Geld." „Mm", brummelte der Pastor.

Frau Maier war, so schien es allen im Dorf, im Laufe der Jahre recht sonderbar geworden. Da sie in ihrem Bauerngarten nebst prachtvollen Blumen zahlreiche Kräuter zog und daraus allerlei Tinkturen mixte, die sie auf dem Markt verkaufte, wurde sie von vielen nur noch spöttisch als Kräuterhexe bezeichnet. Auch er selbst ging der seltsamen Frau, Nächstenliebe hin oder her, lieber aus dem Weg. Es war Jahre her, dass er sie einmal, kurz nach der Beerdigung ihres Mannes, besucht hatte, um sich nach ihrem Ergehen zu erkundigen, doch die Atmosphäre war so vergiftet gewesen, dass er es kein zweites Mal gewagt hatte, ihr näher zu kommen. „Vielleicht könnte man ja im Dunkeln einen Ihrer Konfirmanden ...", weiter kam der Küster nicht, denn schon fiel ihm der Pastor ins Wort: „Was erlauben Sie sich, gerade habe ich im Konfirmandenunterricht die zehn Gebote durchgenommen, da kann ich doch nicht eins von den Kindern losschicken, damit es bei Nacht und Nebel ...", empörte er sich, „Nein, nein, schlagen Sie sich diesen Gedanken mal ganz schnell aus dem Kopf. Wir wollen uns ja zu dem heiligen Fest nicht vor dem Allerhöchsten versündigen." Jetzt wusste keiner der beiden mehr etwas zu sagen. „Man könnte ihr vergewissern, dass sie ins Himmelreich käme, wenn ...", versuchte der Küster einen neuen Ansatz. Aber auch diese Idee wies der Pastor streng von sich. „Wir dürfen den Eintritt in Gottes Reich nicht für ein paar Pfingstrosen verscherbeln, wo denken Sie hin?" Beide schwiegen betreten.

„Ich muss jetzt wieder an meine Predigt gehen", meinte der Pastor, sonst fehlen neben den Blumen auch noch die rechten Worte über das Wirken des Heiligen Geistes", drehte sich um und schloss die Tür. Der Küster blieb hilf- und ratlos zurück.

Die Sonne lachte strahlend vom Himmel, als die Gemeinde am Pfingstsonntag zum Gottesdienst in die Kirche strömte. Als der Pastor aus der Sakristei trat und sich vor dem Altar verbeugte, staunte er nicht schlecht über die herrlichen Pfingstrosen in den Vasen. Er ahnte sofort, dass es sich dabei um die Blumen aus dem Garten der Frau Maier handelte.

Als der Gottesdienst vorüber war, eilte er in die Sakristei, um den Küster zu fragen, wie er es denn geschafft habe, die alte Frau zu überreden, ihre Pfingstrosen zu opfern. Der Küster lief erst rot, dann weiß an, bis er, schweißüberströmt stotterte: „Herr, Herr Pastor, ich, ich habe auf zwei Bedingungen eingehen müssen." „Nun gut, und worin bestehen die?", fragte der Pastor ahnungslos. „Nun, Sie kennen die große Wiese hinter dem Garten von Frau Maier? Die muss dringend gemäht werden", antwortete der Küster. „Schön", meinte der Pastor, „das ist doch etwas, wo die Konfirmanden ihre Energie zeigen können! Und was ist die zweite Bedingung?" Der arme Küster wusste nicht, wie er die richtigen Worte finden konnte: „Die zweite Bedingung ist, dass die Wiese persönlich vom Pastor gemäht wird. Das habe ich ihr zusichern müssen." Jetzt wurde der Pastor bleich. „Für diese ...", das nächste Wort schluckte er mühsam hinunter, „für diese alte Dame die riesige Wiese persönlich zu mähen ist ein hoher Preis für zwei Sträuße Pfingstrosen." Er atmete durch. „Aber mir bleibt wohl nichts anderes übrig, als mich Ihren Absprachen zähneknirschend zu fügen", stöhnte er. „Aber im kommenden Jahr", zischte er dem Küster zu, „lassen Sie den Pfingstaltar schmücken mit was auch immer Sie wollen."

KLEINE LIST

Manchmal
verschwendet man
viele Gedanken,
um ans Ziel
seiner Wünsche
zu kommen,
manchmal
genügt
eine kleine List.

MIX
Papier aus verantwortungsvollen Quellen
FSC® C043106
FSC
www.fsc.org

Zur Autorin
Christa Spilling-Nöker, geboren in Hamburg, Dr. phil., Pfarrerin der badischen Landeskirche a. D. mit pädagogischer und tiefenpsychologischer Ausbildung, Sie lebt heute als Schriftstellerin in Ettlingen. Ihr poetisches und erzählerisches Talent hat sie zu einer der beliebtesten Autorinnen inspirierender Texte gemacht. Sie veröffentlicht seit mehr als zwei Jahrzehnten im Verlag am Eschbach.

Von Christa Spilling-Nöker sind im Verlag am Eschbach unter anderem erschienen:
Die Rose und der Rittersporn (70529)
Ich wünsch dir ganz viel Zuversicht (70616)
Ich wünsch dir einen schönen Tag (70503)
Jeder Augenblick zählt (70470)
Der Himmel ist in dir. Segensworte (70450)
Komm, mein Engel, komm (70436)
Ein Korb voller Glück (70365)
Bleib, wie du bist (70289)
Dann wird dein Leben wie ein Fest (70272)

Zur Künstlerin:
Ursula Mörch, geboren 1944 in Freiburg; seit 1985 widmet sich die Künstlerin der Malerei. Ihre Bilder wurden in zahlreichen Einzel- und Gruppenausstellungen präsentiert und fanden Abdruck in verschiedenen Verlagen. Seit 1992 unterrichtet sie Acryl- und Aquarellmalerei.

ISBN 978-3-86917-598-0

ein Unternehmen der Verlagsgruppe Patmos
in der Schwabenverlag AG, Ostfildern
Im Alten Rathaus/Hauptstraße 37
D-79427 Eschbach/Markgräflerland

www.verlag-am-eschbach.de

Gestaltung, Satz und Repro: Angelika Kraut, Verlag am Eschbach
Schriftvorlagen: Ulli Wunsch, Wehr
Herstellung: Grafisches Centrum Cuno GmbH & Co. KG, Calbe

Manufakt
Dieser Baum steht für umweltschonende Ressourcenverwendung, individuelle Handarbeit und sorgfältige Herstellung.